Der Rauhe Berg

EINAR TURKOWSKI /// **DER RAUHE BERG**

ATLANTIS

In einem Land, in dem die Kerzen von unten nach oben brannten und es aus dem Boden regnete, gab es einen Berg mit einem unheilvollen Namen.

Niemand vermochte zu sagen, woher der Name stammte. Viele glaubten, er sei selbst zu dem Berg gekommen und habe sich über ihn gelegt, von der Stunde an, in der sich dieses düstere Gestein aus der Erde hob. | Es hieß, ein Schatten gehe von ihm aus, der sich wie eine einzige tiefe Finsternis von seiner Nordseite her über das Land erstrecke, nachtschwarz und unheimlich.

Jedem, der sich auf den Weg machte, den Berg zu erklimmen, drohten unzählige Gefahren: Seine Flanken, gesäumt von dämmrigen Orten, hatten üblen Einfluss auf alle, die sich ihnen näherten. Zuletzt würde man sich durch ihn sogar verändern – schleichend und unaufhaltsam. Manche, die zurückkehrten, redeten wirr daher, andere verstummten gänzlich. | Es gab Menschen, die lange nach ihrer Begegnung mit dem Berg noch merkwürdige Dinge sahen – überall! Und nicht selten verspürten sie den Drang, selbst merkwürdige Dinge zu tun.

Das waren die Geschichten, die über den Rauhen Berg erzählt wurden.

Doch nicht jeder ließ sich durch die Erzählungen verängstigen. So kam ein Mann daher und stand schließlich am Fuße des Berges. | Ein merkwürdiges kleines Schild empfing ihn: »Sieh, wenn Du kannst.«

Der Mann konnte mit der Aufforderung nichts anfangen. Er begann den Aufstieg. Steil war der Weg, mühsam und beschwerlich. | Und weil der Mann nichts anderes tun konnte, als stetig aufwärts zu steigen, begann er die Kieselsteine unter seinen Füßen genauer zu betrachten. | Mit zunehmender Höhe schien sich die Farbe der Steine zu verändern. Nach einer Weile, als er sich an dieses Farbspiel gewöhnt hatte, entdeckte er gar, wie sich die Steine zu immer neuen Mustern anordneten. Aufmerksam schritt der Mann weiter voran, und fasziniert ließ er dabei seinen Blick immer wieder über den Untergrund schweifen.

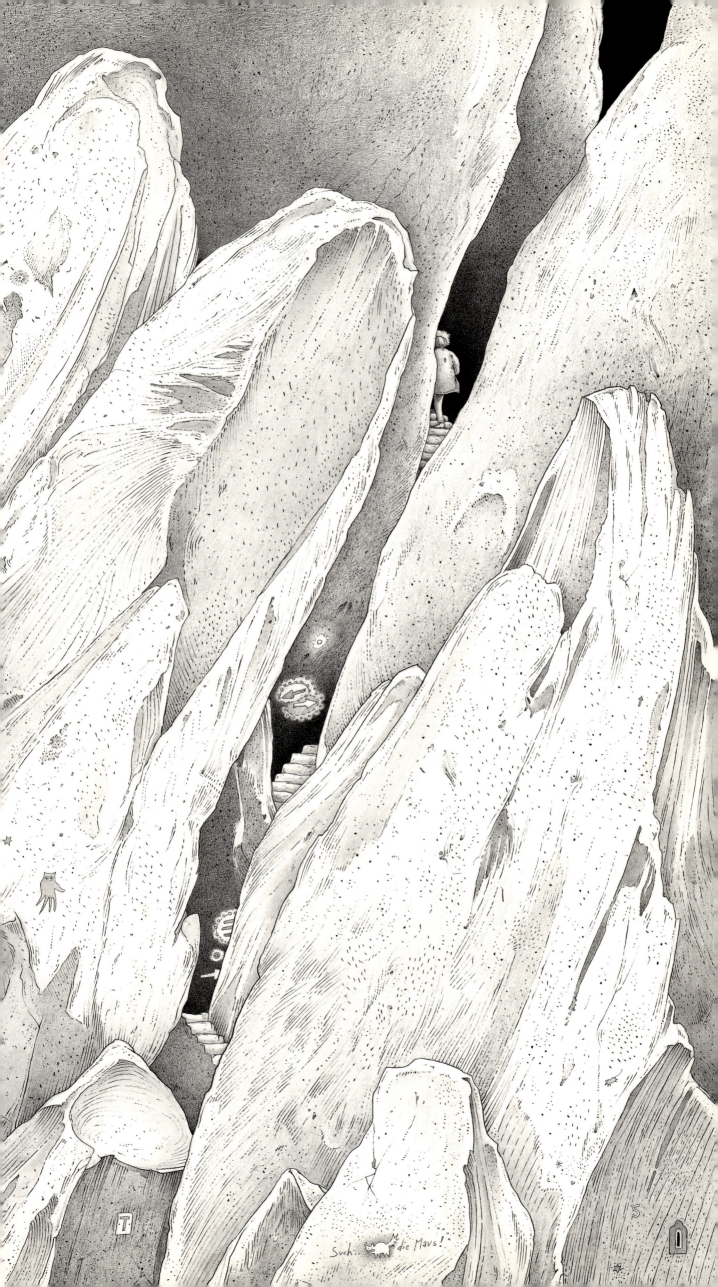

Doch gerade, als er Gefallen gefunden hatte an den Steinen, tauchte vor ihm ein kleines Gehölz auf, das sich störrisch-steif an die Flanke des Berges klammerte. Der Weg verschwand darin in einer undurchdringlichen Schwärze. | Sogleich fielen dem Mann all die Warnungen der Leute wieder ein: Zwielichtige Gestalten würden die Flanke der Nordseite unsicher machen und in dunklen Spalten auf all jene warten, die bis zu diesem unheimlichen Ort vorgedrungen waren. Reglos und aus sicherer Entfernung versuchte der Mann das Dunkel zwischen den Stämmen zu ergründen, unentschlossen, was jetzt zu tun sei. | Während er noch überlegte, kam es ihm so vor, als glimmten da sonderbare Lichter aus der Dunkelheit hervor. Schließlich entschloss er sich, einige Schritte zu wagen. Vorsichtig ging er auf die Öffnung zu.

Das sonderbare Licht kam von matt schimmernden Laternen, die den Pfad immer nur so weit beleuchteten, wie es notwendig war, einen weiteren Schritt zu tun. | Zwischen hageren Stämmen versteckt, konnte der Mann nun auch eine schmale Treppe erkennen. Wie er mitten im Gehölz stand und hinausschaute, fühlte er sich mit einem Mal gar nicht mehr so bedroht. Von hier aus betrachtet, schien die Dunkelheit ihn eher schützend zu umhüllen. | So schwanden denn auch seine Bedenken, die Treppe hinaufzusteigen – Stufe um Stufe.

Der Wald umgab den Mann indes nur noch für eine kurze Zeit. Der Weg schien der richtige zu sein, denn hinter den Bäumen wand er sich stetig weiter bergauf, und die Hänge wurden zunehmend karger. | Schaute man aber genauer hin, konnte man zwischen Geröll und in Mulden verstreut kleine, fremdartige Pflanzen ausmachen, die unruhig ihre Köpfe in die Höhe reckten. Es sah aus, als wenn überall winzige Flämmchen aus dem Boden flackerten. Der Mann gab ihnen für sich den Namen »Bergflämmchen«. | Ob überhaupt schon einer von denen, die ihm abgeraten hatten, den Berg zu besteigen, jemals so weit vorgedrungen war? Und falls ja, ob einem von diesen auch die Anmut aufgefallen wäre, mit der sich die Pflanzen im Winde zunickten, hier, jenseits des Waldes? | Doch bevor der Mann über diese Gedanken so richtig ins Grübeln geriet, nahm er plötzlich Geräusche wahr, wie er sie noch nie gehört hatte. Sie mussten von etwas kommen, das vor ihm lag, gleich hinter der nächsten Felskante. Es hörte sich an wie ein leises Bimmeln, wie ein Rauschen und Flattern, Rasseln und Klickern. Vorsichtig blickte er um die Ecke. | Was er sah, gefiel ihm, und was er hörte ebenso. Aber der Eindruck war nur flüchtig, denn schon hinter der nächsten Biegung waren die Laute kaum noch auszumachen. Lediglich einige Bergflämmchen zitterten im Wind, was ein leises Knistern zur Folge hatte. Bald weitete sich der Weg zu einem Felsplateau. Doch die Weite bot keine Ruhe. Denn was der Mann hier sah, beunruhigte ihn erneut.

Auf einer Reihe von rundbuckeligen Steinen hockten die wundersamsten Gestalten. Sie sahen wüst aus, wild und windschief. Ihre Blicke waren so durchdringend, als würden die Figuren jeden Augenblick aus ihrer Starre zum Sprung ansetzen. | Richtig gefährlich schienen sie jedoch nicht zu sein. Nein, gefährlich waren sie wohl nicht, denn keines dieser Wesen bewegte sich, als der Mann sich ihnen nährte, keines war lebendig.

Die Furcht wich der Neugierde, und so begann der Mann, die Gestalten zu umrunden. Er hatte den Eindruck, dass ihre Körperspannung stets erhalten blieb, ganz gleich, aus welcher Richtung er sie betrachtete. Es musste ein geschultes Auge gewesen sein, das diese Geschöpfe erschaffen hatte. Beeindruckt, jedoch nicht ohne sich vorsichtshalber noch einmal umzudrehen, verließ der Mann den Ort.

Unwegsamer wurde das Gelände und steiler der Weg. Zunehmend hatte der Mann auch das Gefühl, nicht mehr so genau zu wissen, wie lange er eigentlich schon unterwegs war. Alles schien unfassbar. Die Felswände kamen ihm immer weniger als solche vor. Sie nahmen eigenartige Formen an, traten hervor und gleichzeitig zurück, sodass er kaum noch glaubte, sicheren Tritt zu finden.

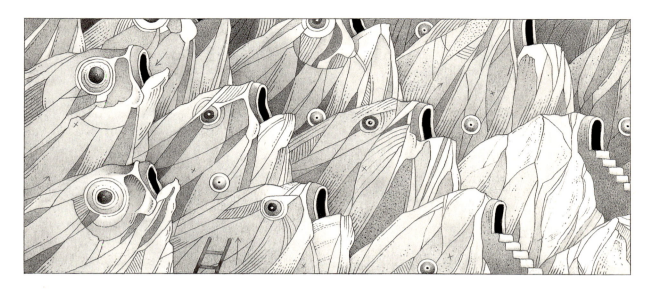

Der Weg schien immer weniger zu wollen, dass man ihm folgte. Hin und wieder hatte es den Anschein, als ob er es vorzog, sich vollends unkenntlich zu machen. Dann wieder schien er einfach in der nächsten Felsspalte zu verschwinden. Manchmal hatte der Mann kaum noch eine Ahnung, ob es aufwärts ging oder abwärts. Augenpaare folgten seinen Schritten. Sie starrten kalt, doch wo waren ihre Körper?

Einmal hatte der Mann den Eindruck, als würden ganze Felsen nur noch aus würfelartigen Quadern bestehen. Lag es am Gestein oder an seinem Blick? Sah er richtig oder falsch? Oder hatte sich gar seine Art zu schauen verändert? Aber was würde das bedeuten? Immer wieder verstellten ihm merkwürdige Schattenfugen den Weg. Gewaltige Spalten taten sich auf. Fehltritte wurden häufiger. | War dies die schattenhafte Nordseite? Hausten hier die schrecklichen Wesen, vor denen die Leute gewarnt hatten? Oder entsprang alles nur seiner Fantasie? | So schnell sein Schwindel es zuließ, stolperte er weiter. Irgendwann war kaum noch ein gangbarer Weg ausfindig zu machen, und alle Hoffnungen, eine andere Möglichkeit des Aufstiegs zu finden, zerschlugen sich gleich wieder. Der Mann war an einer Stelle angekommen, von der aus einfach kein Weiterkommen mehr möglich schien. | Verzweifelt setzte er sich auf einen Stein nahe eines Felssporns, erschöpft stützte er seinen Kopf in die Hände. Da fiel sein Blick auf einen winzigen Käfer. Um besser sehen zu können, beugte sich der Mann leicht nach vorn. Der Käfer hielt geradewegs auf den Felssporn zu, hinter dem er schließlich verschwand. Neugierig erhob sich der Mann und folgte ihm.

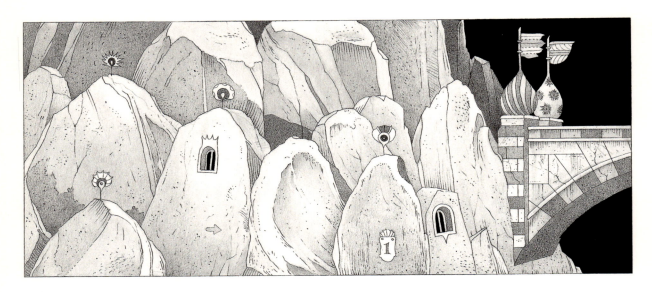

Gebannt schaute der Mann in eine tiefe Schlucht, die wie ein Schnitt die Seite des Berges abtrennte.

Er traute seinen Augen nicht, denn eine kurze Brücke überspannte den Spalt, und sie wirkte stabil.

Der Mann dankte dem Käfer und betrat die Brücke.

Erneut wurde er von einem kleinen Schild empfangen, das an der gegenüberliegenden Felswand den Blick auf sich zog. »Siehst Du?«, war da zu lesen. | Doch bevor der Mann die Frage bedenken konnte, gewahrte er, dass der Pfad nun wieder deutlich zu sehen war. Er entdeckte sogar Stufen, die den Aufstieg erleichterten. Immer enger wurden die Biegungen, immer dünner wurde die Luft. | Mit einem Male weitete sich der Horizont – und sein Blick wurde frei!

Lange stand er so und lehnte sich gegen den Wind, der hier oben kräftig an seiner Kleidung zerrte. Er war glücklich, dass er sich allen Warnungen zum Trotz auf den Weg gemacht hatte. Alle Ängste verflogen im Nu. Die Schönheit dieses Augenblicks war unbeschreiblich. | Doch die Sonne sank immer tiefer, und so musste er an den Abstieg denken. Als er sich dazu aufraffte, nahm er aus den Augenwinkeln plötzlich etwas Ungewöhnliches wahr, einen Schimmer, den er zuvor nicht bemerkt hatte. Er kniff die Augen zusammen und schaute genauer hin. Weit entfernt, wo sich Himmel und Erde berührten, war ein Hügel zu erkennen. – Konnte es ein Hügel sein? Dazu war er viel zu groß. Es musste ein weiterer Berg sein! Schwach und elfenbeinfarben leuchtete er im Dunst.

Es hieß, der Rauhe Berg verändere die Menschen. Davon aber bemerkte der Mann nichts. Jedenfalls nicht im Augenblick. | Dafür keimte in ihm ein Gedanke, der so klar war wie die Luft, die ihn umgab. – Doch um diesem zu folgen, musste er erst wieder hinab ins Tal.

Einar Turkowski: Der Rauhe Berg

Copyright © 2012 Atlantis an imprint of Orell Füssli Verlag AG, Zürich, Switzerland.
www.atlantis-verlag.ch

Dieses Werk ist urheberrechtlich geschützt. Dadurch begründete Rechte, insbesondere der Übersetzung, des Nachdrucks, des Vortrags, der Entnahme von Abbildungen, der Funksendung, der Mikroverfilmung oder der Vervielfältigung auf andern Wegen und der Speicherung in Datenverarbeitungsanlagen, bleiben, auch bei nur auszugsweiser Verwertung, vorbehalten. Vervielfältigungen des Werkes oder von Teilen des Werkes sind auch im Einzelfall nur in den Grenzen der gesetzlichen Bestimmungen des Urheberrechtsgesetzes in der jeweils geltenden Fassung zulässig.

Bibliografische Information der Deutschen Nationalbibliothek
Die Deutsche Nationalbibliothek verzeichnet diese Publikation in der Deutschen Nationalbibliografie; detaillierte bibliografische Daten sind im Internet abrufbar über http://dnb.de

Lithos: Photolitho Gossau-Zürich | Druck: Grafisches Centrum Cuno, Calbe
ISBN 978-3-7152-0625-7 | 1. Auflage 2012